Hier gibt's neuen Stoff für Tontopfbastler/innen!

Mit Acrylfarbe bemalt, mit Bast geschmückt, mit Draht zusammengefügt und mit Schnur umwickelt: Tontöpfe lassen sich als Grundlage für viele Formen verwenden und - geschickt kombiniert - zu ausgefallenen Kreationen gestalten. Jeder kann mit wenig Aufwand ein tolles Ergebnis erreichen und das macht das Tontopf-Hobby aus! Eine große Katze oder der Rabe sind ruckzuck bemalt und zusammengestellt und bewachen dekorativ Ihre Haustür. Sie finden - als Herausforderung für den geübten Tontopfbastler - aber auch aufwändigere Projekte wie den Schäfer Bodo mit seinen Schafen in diesem Buch. Und: (Tontopf) Scherben bringen Glück und können mitverwendet werden!

Viel Spaß und Erfolg wünscht

Martina Hertel

Werkzeuge und Hilfsmittel

Für Sperrholzteile, wie Blumen oder den Schnabel beim Raben, verwenden Sie die **Laubsäge** oder eine kleine elektronische **Dekupiersäge** mit normalem Sägeblatt. Oder Sie ersetzen den Sperrholzschnabel mit einer Scherbe, die Sie mit dem **Hammer** und der **Kombizange** in Form bringen. Die Kombizange zwickt außerdem auch den **Steckdraht** ab, der zum flexiblen Verbinden der Töpfe verwendet wird. Schwarzblau geglühter Steck- oder Blumendraht kann in einer Stärke von 1 bis 1,2 Millimetern verwendet werden; er ist weich, lässt sich über einem **Bleistift** oder Schraubendreher spiralig biegen, schmückt und hält fest. Den Bleistift brauchen Sie auch, um vom Vorlagenbogen auf einen **Transparentbogen** Konturen nachzuzeichnen. Anschließend legen Sie den Transparentbogen zusammen mit einem **Blaupapier** auf das Werkstück und ziehen alle Striche nach.

Weiter wurde **weicher Aluminiumdraht** aus dem Bastelbedarf mit zwei Millimetern Durchmesser verwendet; **Alublech** in der Stärke von 0,15 Millimetern formt Flügel und Flicken. Heißkleber in einer **Heißklebepistole** sichert zusammengestellte Töpfe vor dem Verrutschen, ist aber kein Ersatz für einen guten **Alleskleber,** der Tontöpfe haltbarer klebt.

Einen breiten flachen, einen schmalen flachen und einen feinen **Pinsel für Acryl-Farbe** sollten Sie sich leisten. **Terrakottastifte,** fein und mittel, werden für den Auftrag der feineren Konturen und Gesichter benutzt. Falls Sie Ihr fertiges Projekt durch **Klarlack** noch haltbarer machen wollen, stellen Sie sicher, dass der Lack den Auftrag der Terrakottastifte nicht anlöst.

Material

Die **Tontöpfe und -untersetzer** werden jeweils beim Projekt mit **Außen-Durchmesser (oben gemessen)** und Ausführung beschrieben: **b heißt bauchiger Tontopf, g heißt gerader (einfacher) Tontopf.** Als Abstandshalter und Gelenke werden **Holzkugeln** in verschiedenen Durchmessern und Lochungen (**HL heißt Halbloch; VL heißt durchgehendes Loch,** falls es anwendungstechnisch eine Rolle spielt!) verwendet. Für die Holz-Kleinteile wurde **4- bis 8-mm-Pappelsperrholz** mit sehr glatter Oberfläche benutzt; Reste gibt es beim Holzzuschnitt im Baumarkt. Wasserfeste **Acryl-Bastelfarben** in matter Ausführung in den Farben Karminrot, Ultramarinblau, Goldgelb, zusätzlich Weiß und Schwarz, lassen sich theoretisch zu allen Farbnuancen mischen.

Farben: Weiß, Haut, Rehbraun, Eisblau, Orange, Goldgelb, Karminrot, schwarze und weiße Terrakottastifte

Tontöpfe: **Kopf:** 1x (b) 15 cm
Ohren: 4x (g) 5,5 cm, 2x (g) 3,5 cm
Füße: 2x (g) 5,5 cm
Rübe: 1x (g) 7 cm, 1x Untersetzer 7 cm

Material: Schnupftuch/Stoffrest, 2 Holzschaschlikspieße o. ä., grüner feiner Bast

Der Hasenkopf wird terrakottafarben belassen und mit den Terrakottastiften bemalt. Die Nase wird rehbraun, die Wangen hautfarben, die Augen blau. Den Topfrand kaschiert ein umgebundenes Schnupftuch.
Die Ohren werden nach dem Zusammenkleben der Töpfe bemalt: Beginnen Sie innen mit Weiß, lassen Sie zum rehbraunen Rand einen terrakottafarbenen Zwischenraum frei. Der Untersetzer und der Topf, die die Rübe bilden, erhalten von außen her einen karminroten Anstrich, je weiter zur Mitte, desto gelber muss der Farbauftrag werden. Die Füße werden außerhalb der schwarzen Kontur mit Rehbraun bemalt.
Die Striche setzen Sie mit den weißen und schwarzen Terrakottastiften. Der feine grüne Bast spielt das Karottenkraut.

Die Ohren werden auf die in die Erde des Kopftopfes gesteckten Schaschlikspieße „gepflanzt“; der Kopf kann von unten her eventuell durch einen zusätzlichen Spieß in der Erde des Blumentopfes gesichert werden. Die Rübe steckt im Blumentopf.

Rüben-Hase

Henne mit Küken

Farben: Weiß, Karminrot, Goldgelb, Orange
weiße und schwarze Terrakottastifte

Tontöpfe: **Henne:** Kopf (b) 9 cm
Körper: (b) 17 cm
Küken und Eierbecher: (g) 4,5 cm

Material: Scherben für Gockel- und Schnabelpartie,
gelbe Federn

Die beiden Hennen-Töpfe werden weiß grundiert und anschließend mit einem schwarzen Terrakottastift bemalt. Der Hennenschnabel und der –gockel sind aus Tontopfscherben, die karminrot bemalt wurden. Heißkleber sichert die aufeinandergestellten Töpfe.

Die kleinen Töpfe für die Küken werden goldgelb grundiert und anschließend mit Terrakottastiften konturiert. Sie können gelbe Federn in die Tontopflöcher am Kopf stecken und seitlich auch je eine Feder ankleben.

Schäfer Bodo & seine Schafe

Farben: Schwarz, Weiß, Eisblau, Orange, Karminrot, Terrakottastifte in Schwarz und Weiß

Tontöpfe: **Schäfer:** Kopf und Hut je 1x (b) 13 cm
Körper: 1x 14 cm Rosentopf (rund 18 cm hoch)
Arme: 3x (g) 3,5 cm; **Holzkugeln:** 5x VL 20 cm;
großes Schaf: Körper 1x (g) 8 cm, Kopf 1x (g) 6 cm;
kleines Schaf: Körper 1x (g) 6 cm, Kopf 1x (g) 3,5 cm;

Material: Steckdraht, Sisalschnur (Wäscheleine), Astreste (für Stab und Schafbeine), 2-mm-Aludraht (Silber oder Schwarz)

Der Schäfer wird aus dem hohen Rosentopf und den zwei bauchigen Töpfen gestaltet. Feine Striche und Konturen erledigen die Terrakottastifte. Die Frisur aus Sisalschnur wird auf den Kopftopf geklebt. Ein ringförmig geklebter, aufgedröselter Sisalstrang formt einen Bart. Die Arme entstehen aus den kleinen Töpfen, die zusammen mit den Holzkugeln auf Steckdrahtstücke gesteckt werden, in das Loch des Rosentopfes eingeführt und dort in eine weitere Holzkugel gesteckt und gespreizt werden. Ein rund zwanzig Zentimeter langes Aststück wird mit Aludraht umwickelt, der am Ende eine Spirale erhält. Bemalen Sie alles in Schwarz und befestigen Sie den Stab am rechten Arm (Steckdrahtende) des Schäfers. Setzen Sie Kopf und Hut leicht schräg auf, Heißkleber sichert vor dem Verrutschen.

Die Töpfe des kleinen und der großen Schafe werden nach dem Umwickeln mit Sisalschnur ineinander geklebt, erhalten aus Aststückchen Beine und mit Terrakottastiften ein Gesicht. Die Ohren sind aus Tontopfscherben. Aufgedröselte Sisalschnur wird über zwei Finger gewickelt und in die Kopftöpfe geklebt.

Gärtnerin

Farben:	Schwarz, Weiß, Karminrot, Hellgrün, Haut, Terrakotta, Goldgelb, schwarze und weiße Terrakottastifte
Tontöpfe:	**Kopf:** 1 x (b) 9 cm, **Körper:** 1 x(b) 11 cm **Arme:** 4 x (g) 3,5 cm; **Beine:** 1 x (g) 9cm **Sockel:** Untersetzer 7 cm; **Besen:** 1x (g) 3,5 cm
Material:	**Kugeln:** 8 Stück VL 20 mm; 2 Stück VL 12 mm; Naturbast, Strohhut (Außen-ø 10 cm), Schleifenrest, Steckdraht, roter Bastrest, Aststück, 4-mm-Sperrholz

Bemalen Sie die einzelnen Töpfe vor dem Zusammenbau: Der Gesichts- und Beintopf wird hautfarben grundiert, die Socken grün; die Töpfe des Kleides karminrot; der Untersetzer, der die Schuhe darstellt, schwarz. Nach dem Trocknen der Farbe bringen Sie beim Kleid die grünen Farbflächen auf; nach weiterem Trocknen überall die Details mit den weißen und schwarzen Terrakottastiften.

Die Arme werden jeweils auf ein Steckdrahtstück aufgefädelt: Vor der ersten Kugel den Draht spiralig drehen und auch nach der zweiten großen Kugel! Oben stecken Sie beide Armdrahtstücke in das Loch des Körpertopfes und verdrehen innen beide. Dann kleben Sie den Kopftopf auf den Körper. Der Beintopf wird von unten eingeklebt und erhält noch den umgedrehten Fuß-Untersetzer angeklebt. Zwei Schleifen aus rotem Bast markieren Schnürsenkel. Ein Strang Naturbast wird von hinten nach vorne um den Kopftopf gelegt und vorne zweimal geknotet und festgeklebt, darauf wird der Strohhut gesetzt. Ein Bandrest wird in der Mitte mit Bast abgebunden und als Fliege angeklebt. Die aus 4-mm-Sperrholz gesägte Sonnenblume wird karminrot grundiert, erhält dann goldgelbe Blütenblätter und eine terrakottafarbene Mitte. Der Besen hat ein Innenleben aus einem 3,5-cm-Tontopf, der mit Bast umklebt wird. Binden Sie den Bast oberhalb des Topfes ab und kleben Sie ein Zweigstück als Stiel in die Mitte.

Katze

Farben: Schwarz, Goldgelb
schwarze und weiße Terrakottastifte

Tontöpfe: **Kopf:** 1x (b) 15 cm
Körper: 1 x (g) 16 cm
Schwanz: 7x (g) 3,5 cm
Ohren: 2x (g) 3,5 cm

Material: Schnupftuch/Stoffrest, Steckdraht,
Holzkugeln: 6 x VL 20 mm

Bemalen Sie den bauchigen Kopftopf mit dem Tigermuster in Schwarz und nach dem Trocknen per Terrakottastiften mit Gesicht und Konturen. Alle terrakottafarbenen Teile werden – auch bei Körper und Ohren sowie dem Schwanz – nicht bemalt.

Setzen Sie den Kopftopf leicht nach hinten geneigt oder auch gerade (dann erscheint die Katze dicker) auf den Körper. Die bemalten Töpfe für den Schwanz werden auf Steckdraht aufgefädelt, immer eine 20-mm-Kugel dazwischen, und neben den Körper gelegt.

Ein Stück Schnupftuch wärmt den Hals der Katze und kaschiert den Rand des bauchigen Topfes.

Sonnenblumen-Elfie

Farben: Schwarz, Weiß, Hellgrün, Goldgelb, Rehbraun, Haut, schwarze und weiße Terrakottastifte

Tontöpfe: **Körper:** 1x (b) 9 cm
Arme und Beine: 8x (g) 3,5 cm
Hut: 1x (g) 4,5 cm

Material: **Holzkugeln:** 1x HL 50 mm, 6x VL 20 mm, 2x VL 12 mm, Sonnenblumensamen, Naturbast, Steckdraht

Sonnenblumen-Elfie schmückt jeden Topfrand!

Auf den bauchigen Topf malen Sie nach Anleitung die Sonnenblumenblätter; den Untergrund lassen Sie terrakottafarben. Der Kragenbereich wird rehbraun. Die Beintöpfe werden wie die Unterarmtöpfe hellgrün, die Schultertöpfe goldgelb. Der Huttopf erhält einen Blätter-Anstrich, wie der Rand des Kleides. Heben Sie die Blattkammern mit etwas Gelb im Grün hervor. Fädeln Sie die Arme auf einen am Anfang spiralig gedrehten Steckdraht beginnend mit einer 20-mm-Kugel, danach drehen Sie den Draht zweimal um den Schraubenzieher und stülpen den Topf über usw. Den Schulterbereich markiert eine kleinere Kugel. Die Beine beginnen ohne Kugel direkt mit Spiraldraht im Topf. Kleben Sie die Drahtenden von Beinen (durch den Kleidtopf) und Armen in das Halbloch des Kopfes. Der Huttopf wird aufgeklebt, nachdem einige Baststücke als Frisur hineingeklebt wurden. Sonnenblumenkerne schmücken Hut, Arme und Knie.

Farben: Haut, Karminrot, Goldgelb, Hellgrün
schwarze und weiße Terrakottastifte

Tontöpfe: **Oberkörper:** 1x (g) 4,5 cm, **Unterkörper:** 1x (g) 7 cm
Hut: Tonscherbe

Material: **Holzkugeln:** 1x HL 50 mm
1x VL 20 mm,
Fliegendrahtstück,
feiner grüner Bast,
Steckdraht

Purpurea hat einen Rock aus karminroten Blütenblättern, dessen Rand mit grünen Blättern verziert ist. Heben Sie die Blattkammern mit etwas Gelb im Grün hervor. Der Oberkörper trägt die Blütenmitte. Der Kopf wird mit Haut grundiert und anschließend mit den Terrakottastiften konturiert. Alle Linien und Striche auf dem „Kleid" sind ebenfalls mit dem Terrakottastift gezeichnet. Ein Stück Aluminium-Fliegengitter – ausgeschnitten nach Vorlage – wird mit Karminrot bemalt und getrocknet. Kleben Sie ein Stück Steckdraht, geknickt in der Mitte, in das Loch der Kopf-Holzkugel. Legen Sie den Fliegendraht auf den Oberkörper-Topf und führen Sie die beiden Steckdrahtstücke durch Fliegengitter und Topfloch ins Innere. Dort stecken Sie eine 20-mm-Kugel auf und spreizen die beiden Steckdrahtenden. Anschließend setzen Sie Kopf und Oberkörper auf den untersten Tontopf. Eine Frisur aus grünem Feinbast und einer karminroten Tonscherbe krönt das Ganze!

Sonnenhutfee „Purpurea“

Eule

Farben: Schwarz, Weiß, Terrakotta, Rehbraun, Orange, Goldgelb, schwarze und weiße Terrakottastifte

Tontöpfe: **Körper:** 1x (g) 17 cm
Ohren: 2x (g) 3,5 cm

Drei Tontöpfe – ein großer Effekt!

Der Topf für den Eulenkörper wird nach Vorlage bemalt. Beginnen Sie mit dem weißen Gesicht; mischen Sie während des Malens etwas Orange in den Pinsel. Die Augen werden in Goldgelb angelegt, der Schnabel und die Füße in Orange. Den Bauch malen Sie heller braun als den Rest des Eulenkörpers. Der Rand des Topfes erhält als Grundierung einen rehbraunen Anstrich, den Sie in der Mitte mit etwas Weiß aufhellen. Mit dem Terrakottastift aufgetragene Holzaugen imitieren einen Ast. Alle nicht zur Eule gehörenden Topfteile werden schwarz. Weiße und schwarze Konturen, Punkte und Striche erledigt ein Terrakottastift. Die beiden Töpfe für die Federohren erhalten ihren terrakottafarbenen Anstrich, der Rest wird ebenfalls schwarz. Sie werden auf die vordere Kante des großen Topfes geklebt.

Durch das Loch des großen Topfes lässt sich – wenn die Eule gehängt werden soll – eine Schnur ziehen.

Schildi – die Schildkröte

Farben:	Hellgrün, Orange, Terrakottastifte in Schwarz, Weiß und Gelb
Tontöpfe:	Füße: 4x (g) 4,5 cm Untersetzer für Bauch: 1x 7 cm, 1x 11 cm Rücken: 1x 16 cm
Material:	Blumenerde Holzkugel: 1x 50 mm

O weh, umgefallen! Schildi hat einen in grünem Achteckmuster bemalten Panzer aus dem großen Untersetzer. Der Bauch besteht aus den beiden grün-orange gestreiften kleineren Untersetzern. Die Kopfkugel erhält einen maigrünen Farbauftrag, Konturen und Punkte malen Sie mit den Terrakottastiften. Die Fuß-Töpfe werden nach dem Bemalen –Hellgrün, Rand terrakotta lassen - mit Blumenerde befüllt und einfach in Position gestellt, ebenso die Holzkugel für den Kopf. Fertig!

Gärtner

Farben: Schwarz, Weiß, Eisblau, Hellgrün, Haut, Karminrot, Terrakotta, Goldgelb, schwarze und weiße Terrakottastifte

Tontöpfe: **Kopf:** 1x (g) 9 cm, **Körper:** 1x (g) 9 cm
Arme: 4x (g) 3,5 cm
Beine: 1 x (g) 10 cm, **Sockel:** Untersetzer 7 cm
Gießkanne: 1x (g) 3,5 cm

Material: **Kugeln:** 8 Stück VL 20 mm; 2 Stück VL 12 mm, Naturbast, Strohhut (Außen-ø 10 cm), Schleifenrest, Jeansrest, Steckdraht, 2-mm-Aludraht, 4-mm-Sperrholz

Bemalen Sie die einzelnen Töpfe vor dem Zusammenbau: Der Gesichtstopf wird hautfarben grundiert, der Körper- und die Armtöpfe eisblau, der Beintopf wird außer dem Gürtel (bleibt Terrakotta) hellgrün bemalt, der Untersetzer, der die Schuhe darstellt, schwarz. Nach dem Trocknen der Farbflächen malen Sie Karos, Gesicht usw. mit den Terrakottastiften.

Die Arme werden jeweils auf ein Steckdrahtstück aufgefädelt: Vor der ersten Kugel den Draht spiralig drehen und auch nach der zweiten großen Kugel! Oben stecken Sie beide Armdrahtstücke in das Loch des Körpertopfes und verdrehen sie innen im Topf. Dann kleben Sie den Kopftopf auf den Körper, der in den Beintopf eingeklebt wird und noch den umgedrehten Fuß-Untersetzer angeklebt erhält. Zwei Schleifen aus Naturbast markieren Schnürsenkel, ein Jeans- und Bandrest je einen Flicken. Ein Strang Naturbast wird in der Mitte geknotet und aufgeklebt, darauf wird der Strohhut gesetzt. Ein Bandrest wird in der Mitte mit Bast abgebunden und als Fliege angeklebt.

Der Gießkannentopf wird beginnend mit dem Henkel mit Aludraht umwickelt. Formen Sie aus dem Aludrahtende einen Ausgießer und umwickeln Sie den Rest des Topfs mit Aludraht. Befestigen Sie den Gießer am Steckdrahtende der rechten Hand. Die Sonnenblume für den Hut, ausgesägt aus 4-mm-Sperrholz, wird karminrot grundiert, erhält goldgelbe Blumenblätter und eine terrakottafarbene Mitte. Terrakottastifte konturieren und punkten.

Käfer-Blumentopfuntersetzer

Farben: Karminrot, Schwarz
weiße und schwarze Terrakottastifte

Tontöpfe: 4x Untersetzer 11 cm

Material: **Holzkugeln:** 4x HL 50 mm, 32x 12 mm, 2-mm-Aludraht.

Die Käfer spielen auch ohne großen Tontopf eine große Rolle, als Blumenbeet-Krabbler!

Die Untersetzer erhalten einen karminroten Farbauftrag, nach dem Trocknen werden die schwarzen Punkte angebracht. Die Holzkugeln werden alle schwarz. Weiße und schwarze Konturen und die Gesichter werden mit den Terrakottastiften gemalt. In die Bohrung der großen Holzkugel werden mit der Kombizange gedrehte Aludrahtstücke eingeklebt. Die große Holzkugel hält aufgrund der großen Klebefläche ziemlich gut mit Heißkleber am Untersetzer. Bei den kleinen Kugeln müssen Sie einen Trick anwenden. Kleben Sie sie zuerst mit einem Tropfen Heißkleber auf eine glatte Fläche, nehmen Sie nach dem Abkühlen die Kugeln ab, nun klebt der Heißkleber daran und Sie haben eine größere Fläche zum Kleben am Untersetzer mit dem Alleskleber. Die Füßchen-Holzkugeln müssen plan mit dem unteren Rand des Untersetzers abschließen. Den Topf, der auf die Untersetzer gestellt werden soll, gestalten Sie passend mit aufgeklebten Aludrahtspiralen.

Bienen mit Korb

Farben:	Schwarz, Goldgelb, Orange, schwarze und weiße Terrakottastifte
Tontöpfe:	Bienenkorb: 1x (b) 17 cm; Biene: je 2x (g) 3,5 cm
Material:	Holzkugeln: HL 50 mm; Steckdraht, Sisalschnur (Wäscheleine), 0,15 mm Aludraht, zwei Holzstäbe/Ast/Zweigstücke

Der Bienenkorb ist denkbar einfach: Umwickeln Sie den bauchigen großen Topf mit Sisalschnur, kleben Sie dabei jeweils an zwei Punkten pro Reihe. Anschließend malen Sie mit Schwarz die typischen Einbuchtungen auf, Orange und Goldgelb heben die Flächen dazwischen hervor. Ein schwarzer Bogen markiert ein Einflugloch und wird von einem Stück naturfarbenem Sisalstück gerahmt. Die Bienenkörper sind jeweils aus zwei Töpfen zusammengeklebt und dann bemalt. Färben Sie die Kopfkugeln schwarz und kleben Sie zwei rund 30 Zentimeter lange Steckdrahtstücke in das Halbloch. Ein Steckdrahtstück biegen Sie nach oben (zwischen Körper und Kopf), das zweite führen Sie durch den Bienenkörper. Am Ende des Körpers biegen Sie den Draht nach oben und formen einen Stachel, der gleichzeitig den Körper am Kopf hält. Ein Tropfen Heißkleber sichert vor dem Verdrehen. Herzförmig ausgeschnittene Alublechstücke werden zu Flügeln, angeklebt mit Heißkleber. Gesichter malen Sie mit den Terrakottastiften auf. Im Topf wird ein Kreuz aus Aststücken mit einem Sisalschnurstück verbunden, dass – durch das Topfloch geführt - als Aufhängung für den Bienenkorb dient. Am Astkreuz können einige Bienen mit ihrem Steckdraht befestigt werden.

Der Clown

Farben: Weiß, Karminrot, Hellgrün, Haut
schwarze und weiße Terrakottastifte

Tontöpfe: **Körper:** 1x (g) 7 cm
Arme und Beine: 8x (g) 3,5 cm

Material: 5x Scherben (für Kragen)
Holzkugeln: 12x VL 20 mm, 1x VL 50 mm; Steckdraht

Die Holzkugel für den Kopf (50 mm) erhält einen hautfarbenen Anstrich; danach werden mit Terrakottastiften die Konturen des Gesichts aufgebracht. Die Töpfe der Arme, Beine und des Körpers werden karminrot grundiert und mit den grünen Streifen bemalt. Die weißen und schwarzen Punkte und Linien können mit den Terrakottastiften gemalt werden. Die Kragen-Scherben werden Weiß. Die Beine und die Arme werden jeweils auf ein Steckdrahtstück aufgefädelt; den Beginn spiralig verdrehen. Alle vier Steckdrahtstücke führen Sie durch die Bohrung des Kopfes und drehen sie dort zur Clowns-Frisur. Auf ein weiteres Steckdrahtstück stecken Sie vier in karminrot und grün bemalte Holzkugeln, zwischen den einzelnen Kugeln bringen Sie den Draht in Spiralform. Die Enden werden in die Armkugel geschoben und dahinter (im ersten Topf) umgebogen. Ein Steckdrahtstück wird um die aus dem Kopf tretenden Drahtstücke geschlungen und einmal um das „Jonglier"-Drahtstück zur Stabilisierung gedreht und dient oben, nach dem Biegen einer Öse, der Aufhängung des Clowns.

Rabe Ton-i

Farben:	Schwarz, Goldgelb, Karminrot, Terrakotta, schwarze und weiße Terrakottastifte
Tontöpfe:	**Kopf:** 1x (g) 13 cm **Körper:** 1x (g) 17 cm
Material:	8-mm-Sperrholz, Naturbast, Strohhut (Außen-ø rund 20 cm) Tuch-/Stoffrest, 2-mm-Aludraht, 0,15-mm-Alublech, 4-mm-Sperrholz

Ton-i ist super als Wach-Rabe vor der Haustür!

Bemalen Sie die beiden Töpfe in Schwarz. Der herzförmige Schnabel wird goldgelb und erhält Kontur mit dem schwarzen Terrakottastift. Die Augen malen Sie mit den weißen und schwarzen Terrakottastiften. Setzen Sie den oberen Topf leicht schräg nach hinten auf. Ein in der Mitte geknoteter Baststrang, der Schnabel und der Strohhut werden aufgeklebt. Formen Sie aus dem Aludraht mit der Kombizange eine Brille und kleben Sie diese auf den Schnabel auf. Den Stoffrest als Halstuch können Sie ebenfalls mit Heißkleber fixieren. Die Sonnenblume wird aus 4-mm-Sperrholz ausgesägt, karminrot grundiert, hat eine terrakottafarbene Mitte und goldgelbe Blütenblätter. Setzen Sie Punkte und Linien mit den Terrakottastiften und kleben Sie die Blüte in die Frisur des Raben.

Vielseidig Verlag

mehr von Martina

Holz vor`s Haus
Herbstliches aus der
Holzwerkstatt
ISBN 3-935467-07-9
Best.Nr. 67079

Verliebt in Holz
Rosige Zeiten für
Haus & Garten
ISBN 3-935467-44-3
Best.Nr. 67443

Laubanger 19b 96052 Bamberg **Vielseidig Verlag** GmbH Tel. 0951/ 6 89 9
Fax. 0951/ 60 32 9